Made in the USA
Monee, IL
09 December 2021

84343921R00072